AF321824

MISSION

DU REPRÉSENTANT HARMAND

(DE LA MEUSE)

A BREST, EN 1795

Lorsque, le 1ᵉʳ février 1793, la guerre avait été déclarée à l'Angleterre et à la Hollande, la France était en possession des colonies qui lui avaient été reconnues par le traité de paix de 1783. C'étaient, dans l'Amérique du Nord, les deux petites îles Saint-Pierre-et-Miquelon sur la côte de Terre-Neuve ; aux Antilles, la Martinique, les Saintes, la Guadeloupe, la Désirade, Sainte-Lucie, Tabago, Marie-Galante, une partie de Saint-Martin et de Saint-Domingue ; la Guyane, dans l'Amérique du Sud ; en Afrique, Saint-Louis et l'île de Gorée ; aux Indes, Pondichéry, Chandernagor, Karikal, Yanaon, Mahé, les îles de France et de Bourbon (aujourd'hui la Réunion), et Foulpointe à Madagascar.

Obligée, au début de la guerre de concentrer la majeure partie de nos forces navales sur les côtes occidentales de France, menacées par les Anglais auxquels l'insurrection vendéenne donnait la main, la Convention n'avait pu envoyer que des secours insuffisants à nos possessions d'outre-mer ; aussi, l'année 1794 n'était pas terminée qu'il ne nous restait plus que la Guadeloupe, Marie-Galante, la Désirade, les portions de Saint-Martin et de St-Domingue, la Guyane, Saint-Louis et Gorée, Foulpointe et les iles de France et de Bourbon.

Ce ne fut qu'au commencement de 1795, que la Convention put s'occuper sérieusement de la reprise de celles de nos colonies qui nous avaient été enlevées et de la conservation de celles qui nous restaient. Elle résolut donc, dans les premiers jours de mars 1795, d'y expédier des troupes qu'accompagneraient des commissaires pris dans son sein. Ces commissaires furent Harmand (de la Meuse), Barras et Le Tourneur (de la Manche).

Harmand avait pour mission spéciale de conduire à Tippou-Saheb les six mille hommes que Louis XVI avait promis, en 1788, au sultan de Mysore pour le soutenir dans sa lutte contre les Anglais. Parti de Paris, le 13 mars, Harmand n'arriva à Brest que le 27, obligé qu'il fut de se servir d'escortes pendant toute la traversée de la Mayenne et de la Bretagne. Le jour même de son arrivée, il acquit la conviction que le gouvernement anglais était bien informé du but de sa mission. En effet, ce jour-là, on prit dans les eaux de l'Iroise, un petit croiseur anglais. Son commandant jeta à la mer, mais trop tard, des papiers qui furent repêchés et apportés à Brest. L'un d'eux, était un arrêté du Comité de Salut public, revêtu de signatures originales et défendant aux représentants du peuple, détachés dans les quatre grands ports, d'expédier en course plus de quatre vaisseaux et deux frégates à la fois. Cet arrêté n'était connu ni de Champeaux ni de Topsent, alors en mission à Brest, et cependant il était revenu d'Angleterre sur les côtes de France. A cet arrêté étaient jointes des instructions détaillées portant qu'il fallait se tenir au courant, jour par jour, de ce que feraient les représentants envoyés dans les Indes. Il était facile de voir d'après la contexture de ces instructions que le gouvernement anglais avait des agents à Brest. Un seul d'entre eux était nommé, c'était une femme appelée *la Carmagnole,* du nom de la frégate que commandait alors le capitaine de vaisseau Allemand, dont elle était la maîtresse. Cette femme, que nos contemporains ont vue tombée au plus bas degré de la prostitution, était suspecte à ceux qui l'employaient et la faisaient surveiller. Ce n'était pas sans raison. En effet, Harmand alla chez elle, et les renseignements qu'il en obtint ne lui permirent pas de douter que, si elle recevait quelques guinées de l'Angleterre, ce qu'elle lui avoua, en présence de son secrétaire particulier, elle n'avait pas besoin d'en recevoir du gouvernement français pour être *bonne citoyenne ;* ce furent ses propres expressions. Elle lui confia le peu qu'elle savait, mais il n'en put tirer aucun parti parce que les autres agents anglais informés de sa visite, ne retournèrent plus chez cette femme. Elle ne connaissait pas d'ailleurs ceux qui dirigeaient l'intrigue. Un pilote côtier, qui fut arrêté, et avec qui seul elle avait été en rapport, lui avait remis deux fois quinze ou vingt guinées, et comme lui, elle avait volé son salaire en promettant beaucoup et en ne faisant rien.

La découverte de cet espionnage ne contribua en rien à l'avortement de l'expédition projetée. L'inconcevable incurie du ministère de la marine en fut la seule cause. M. Redon de Beaupreau, qui venait de reprendre, avec le titre d'agent maritime, ses anciennes fonctions d'intendant, ne connaissait le projet du gouvernement que par les papiers publics. Il n'avait conséquemment rien préparé. Il fit des objections et opposa des difficultés telles, qu'Harmand se demandait lequel le trompait, ou de l'agent maritime

ou du ministre. Il ne croyait pas pouvoir accuser le
ministre, car il apprenait en même temps que tout était
prêt à Rochefort. Comment donc se faisait-il, non seule-
ment que rien n'était prêt à Brest, mais que M. Redon
n'était pas averti officiellement, ou prétendait ne l'avoir
pas été? Les ordres expédiés au port de Brest avaient-ils
été interceptés, ou y avait-il différence d'opinion et de
zèle entre l'agent de ce port et celui de Rochefort?

Harmand aurait pu mettre un terme à sa perplexité, en
usant du pouvoir dont il était revêtu; il préféra redoubler
de mesure et de longanimité. Tous n'avaient pas la même
patience. Le contre-amiral Kerguelen, qui devait com-
mander l'expédition, jurait et tempêtait, mais ne pouvait
rien. Les généraux Magallon, Macors et Tuncq, qui com-
mandaient les troupes expéditionnaires réunies autour de
Brest, en pressaient l'embarquement. Mais rien n'était
prévu, ni pour l'armement ni pour les vivres. L'arrestation
ou la destitution de M. Redon n'aurait rien avancé. Les
officiers de la marine accusaient Harmand de mollesse à
son égard, et le harcelaient pour qu'il prononçât le rem-
placement de cet agent. Le représentant résistait. D'une
part, il savait que les anciennes divisions entre la plume et
l'épée, autrefois si funestes à la marine, n'avaient pas entiè-
rement disparu. D'un autre côté, il savait que M. Redon
était un administrateur capable et probe, et que tout ce qu'on
pouvait lui reprocher c'était d'être sévère et minutieux.

Il avait écrit également au Comité de Salut public, et
n'en avait pas reçu de réponse : « Mes soupçons s'accrurent
encore par ce silence, dit-il (1), et pour leur intelligence,

---

(1) P. 106 de ses *Anecdotes relatives à quelques personnes et à
plusieurs événements remarquables de la Révolution; nouvelle édition
augmentée de deux nouvelles anecdotes supprimées par la censure de
1814.* Paris, Maradan, 1820, in-8°.

il faut que je dise qu'une seule personne était chargée de la partie de la marine auprès du Comité de Salut public; que l'opinion des députés attachés à ce Comité était dans les mains de cette même personne, qu'elle y faisait tout, et que le ministre lui-même n'était que le commis du commis du Comité. Je ne veux pas élever ici une accusation injurieuse et tardive; mais par qui le gouvernement anglais était-il si bien instruit? par qui l'arrêté, dont j'ai parlé, lui avait-il été envoyé, tandis que les députés qui devaient le faire exécuter, en ignoraient l'existence? par qui mes lettres au Comité et au ministre ont-elles été interceptées? car enfin il faut que l'on sache que je ne les ai pas trouvées dans les bureaux, à mon retour, et que personne n'en avait eu connaissance; par qui cela avait-il été fait? Je sais bien quelqu'un qui pourrait me répondre, mais il s'en gardera bien. »

Tout cela, sans charger le ministre, venait puissamment à la décharge de l'agent maritime.

Il fallait pourtant sortir de cette impasse. M. Redon sut bientôt apprécier la loyauté d'Harmand, et autant il s'était d'abord montré mal disposé pour l'expédition, autant il facilita ensuite les moyens d'en accélérer les préparatifs. Harmand gagna sa confiance en lui communiquant sa correspondance avec le ministre et le Comité de Salut public. Dans la lettre qu'il écrivit au ministre, il lui témoigna combien il était surpris des contradictions existant entre le langage qu'il lui avait tenu la veille de son départ de Paris, et ce qu'il avait appris à Brest. Il lui demanda comment il avait été instruit des prétendus préparatifs faits dans ce port puisque l'agent maritime n'en avait fait aucun, et assurait même n'avoir aucune connaissance officielle de l'expédition. Il le pria en outre de lui dire si c'était par sa correspondance avec cet agent ou par quelque voie indirecte, en ajoutant que, dans tous les cas, il y avait plus

que du mal-entendu puisque, d'une part, il n'avait pu ni
dû lui assurer que tout était prêt s'il ne s'en était pas assuré
lui-même; et que, de l'autre, l'agent protestait n'avoir
reçu aucune instruction.

Il y avait évidemment un menteur, et le ministre n'ayant
pas répondu, il semblait certain ou tout au moins probable
que c'était lui. Il s'exposait, en ne communiquant pas sa correspondance, à ce que ce soupçon pesât sur lui, à moins qu'il
ne retombât sur une autre personne qu'Harmand regardait
comme le véritable coupable. Aussi les relations d'Harmand
et de l'agent maritime, empreintes d'abord de défiance, ne
tardèrent-elles pas à devenir intimes et confidentielles.
M. Redon communiquait ses travaux au représentant et lui
demandait le secours de son autorité pour triompher des
obstacles que rencontrait la sienne. En un mot, ils mar-
chaient parallèlement; mais leurs efforts se brisaient
contre une force d'inertie; à Paris, comme à Londres,
on avait juré que l'expédition ne se ferait pas.

Jusque-là Harmand n'avait écrit au ministre que par la
poste. Il se décida à user de la faculté, qu'il lui avait été
accordée, de lui expédier un courrier. Ce fut son secrétaire, M. Renard, de la Ferté. Il le chargea d'une dépêche
très-détaillée pour le Comité de Salut public. Le courrier
de la malle aux lettres était le seul moyen qu'il pût em-
ployer à cause de la nécessité de se faire escorter sur un
parcours de cinquante à soixante lieues. Le départ de
M. Renard fut connu et l'on se douta du but de sa mission.
A son arrivée, près de Rennes, le courrier, malgré son
escorte, fut arrêté par les chouans. Ce qu'il y eut de plus
fâcheux pour M. Renard, c'est qu'après avoir été dé-
pouillé, il fut attaché à un arbre auprès de la route,
pour être fusillé, et il l'eût infailliblement été si une
autre escorte, venant de Rennes avec la malle de Paris
à Brest, ne fût arrivée à propos pour le délivrer, après

avoir mis les chouans en fuite, en se joignant à la première escorte.

M. Renard arriva à Rennes tout nu, et fut recueilli par le représentant Bollet qui s'y trouvait en mission, et qui lui fournit les moyens de gagner Paris. Mais la correspondance d'Harmand fut perdue; plusieurs journaux en parlèrent; et quelque compte que M. Renard eût pu rendre verbalement au Comité de Salut public, on n'en fut pas plus avancé.

Harmand n'était pas le seul représentant qui fût alors à Brest. Palasne-Champeaux et Topsent y étaient aussi. Ils étaient investis de pouvoirs généraux, bien plus étendus que ceux d'Harmand limités à l'expédition dans les Indes. Comme ce dernier, ses deux collègues n'avaient reçu aucune réponse lorsqu'ils avaient envoyé au Comité de Salut public les papiers saisis sur le bâtiment anglais. Pensant qu'un second courrier serait plus heureux que le premier, Harmand dépêcha un officier de mérite, M. Conscience, qui avait été attaché au général Galbaud, à Saint-Domingue, et avait, comme lui, été proscrit par Polverel et Southonax. Les portes du Comité furent d'abord fermées à M. Conscience. Adroit et résolu, il parvint à se les faire ouvrir, mais quand il n'était plus temps. Les préventions s'étaient fortifiées, les obstacles s'étaient accrus, l'argent manquait, les Anglais avaient pris la mer, et c'était ce dernier résultat que l'on avait voulu obtenir. Puis les partis s'agitaient de nouveau dans la Convention; on s'occupait de la nouvelle constitution, et toutes les ambitions s'évertuaient pour y jouer un rôle ou s'y faire place. Aussi les Anglais n'auraient-ils pas invoqué, pour faire échouer l'expédition, d'autres raisons que celles qu'on allégua à M. Conscience.

Pendant que son envoyé agissait à Paris, Harmand faisait diversion à son impatience par une vie assez agréable.

Le général Magallon, qui joignait beaucoup d'instruction et d'amabilité à un esprit observateur ; le général Félix du Muy, commandant en chef de l'expédition des Indes-Occidentales, dont l'urbanité et l'expérience rendaient la conversation attrayante ; Kerguelen, dont la vie accidentée fournissait le thème de récits marqués au coin d'une piquante originalité ; telle était la société habituelle d'Harmand. Tous quatre employaient leurs loisirs forcés à visiter le port, les chantiers, les fortifications, la rade, les côtes, les corderies, le bagne, voire même à faire des parties de chasse ou de pêche, et jusqu'à des excursions en dehors du goulet.

Il ne faudrait pourtant pas croire qu'aucun nuage ne vînt parfois assombrir ce riant tableau. Peu s'en fallut que Harmand n'éprouvât un sort funeste. Seul, des représentants en mission à Brest, il avait assisté à un service funèbre célébré en mémoire des vingt-six administrateurs du Finistère, décapités à Brest, le 3 prairial an II (22 mai 1794). Ce témoignage de sympathie pour ces victimes de la Terreur détermina contre lui des démonstrations hostiles. Elles se bornèrent d'abord à quelques propos insolents qu'on lui adressait lorsqu'il passait dans les rues, et dont il ne tint aucun compte. Mais dans les premiers jours de prairial, les terroristes de Brest comptant sur le succès de l'attaque de la Convention, crurent que le moment d'agir était également venu pour eux, et ils s'essayèrent comme nous l'avons dit (*Histoire de la Ville et du Port de Brest pendant la Terreur,* p. 406). Un soir qu'Harmand était au spectacle, au fond de la salle, en face du théâtre, le parterre se leva presque en entier, se tourna vers lui, et plusieurs voix firent entendre ces cris : *A bas les modérés ! Point de modérés ! Vivent les montagnards ! A bas, à bas, à bas !* Il fut obligé de sortir. On le suivit, ou plutôt on le poursuivit en criant : *Il faut les traiter comme on les traite aujourd'hui à Paris ; nous verrons demain, nous verrons demain.* Harmand rentra, non sans effroi à l'hôtel des représentants. Champeaux et Topsent, auxquels il fit part de ce qui venait de lui arriver, en furent surpris. Mais leur étonnement cessa lorsque, trois ou quatre jours après, ils apprirent les événements de Paris. La violence qu'on avait faite à Harmand coïncidait avec celles dont la Convention avait été le théâtre le même jour. Ni Champeaux ni ses collègues n'étaient instruits de rien, rien n'avait transpiré. Les factieux de Brest savaient au contraire tout ce qui se passait ou devait se passer à Paris, et nul doute qu'ils étaient d'intelligence avec les envahisseurs de la Convention. Si ces derniers avaient réussi, la Terreur eût reparu dans les deux villes et vraisemblablement ailleurs. Grâce aux mesures énergiques que prit Champeaux, les projets des démagogues de Brest avortèrent et Harmand put s'occuper paisiblement de sa mission personnelle.

Les réponses qu'avait rapportées M. Conscience n'avaient calmé ni l'impatience d'Harmand ni celle des généraux ; elles avaient au contraire excité leur indignation et stimulé leur ardeur. Tout était prêt à Rochefort, et à l'argent près, on était bien avancé à Brest. Déjà même Harmand avait couché en rade, et l'expédition était en mesure de partir, les fonds seuls lui manquaient. A l'Ile-de-France on avait émis un papier-monnaie colonial, et l'on attendait impatiemment l'arrivée de Le Tourneur pour retirer ce papier qui, ne pouvant sortir de la colonie, rendait impossible tout commerce extérieur. Il fallait des espèces métalliques et elles faisaient défaut. Tout ne semblait cependant pas désespéré. Gouly, député de l'Ile-de-France à la Convention, ne négligeait rien pour hâter le départ de l'expédition ; Barras s'occupait à Paris de l'arrivage des subsistances, et Le Tourneur parcourait le département des Bouches-du-Rhône dans le même but. Harmand correspondait avec eux ; mais ils ne le secondaient que bien imparfaitement. Voulant voir par lui-même de quels obstacles il avait à triompher , il se décida, d'accord avec les généraux , à aller à Paris pour y dénouer les fils de l'intrigue. Mais elle avait prévalu , les Anglais avaient pris la mer , ils se dirigeaient vers l'Inde , et le contre-amiral Vence, qui devait transporter les commissaires, était bloqué devant Belle-Ile. Le Comité faisait parade de sa bonne volonté et de ses regrets de ce qu'on avait perdu un temps si long et si précieux. Harmand n'était pas sa dupe, et il tenait, a-t-il dit , le fil de l'intrigue qui entravait l'expédition lorsque de graves événements en amenèrent l'avortement définitif.

La Constitution de l'an III venait d'être décrétée et envoyée à l'acceptation du peuple. Les sections de Paris n'approuvaient pas quelques décrets rendus depuis cet envoi , et même après l'acceptation par une grande partie de la France ; elles menaçaient d'en empêcher l'exécution par la force , et la fermentation était grande. D'un autre côté, les fonctions de Directeurs excitaient maintes convoitises que la journée du 13 vendémiaire permit à Barras et à Le Tourneur de satisfaire pour leur compte, en prenant place dans la nouvelle pentarchie. Harmand, lui, entra au Conseil des Anciens.

C'en était fait de l'expédition. Toutefois, peu de temps après, le Directoire , reprenant le projet qui venait d'échouer, le fit exécuter en partie, non pas en répondant à l'appel de Tippou-Saheb , mais en révolutionnant les îles de France et de Bourbon, en y envoyant des Commissaires contre lesquels se révoltèrent les deux colonies, qui les expulsèrent, et en créant auprès du Sultan de Mysore un club de Jacobins pour le consoler de l'inexécution des belles promesses qu'on lui avait faites.

P. LEVOT.

(Extrait du Bulletin de la Société Académique.)

Brest — Imp Roger père.